José Joaquín Fernández de Lizardi

Unipersonal del arcabuceado y Unipersonal de Agustín Iturbide

Barcelona **2024**
Linkgua-ediciones.com

Créditos

Título original: Unipersonal del arcabuceado.

© 2024, Red ediciones S.L.

e-mail: info@linkgua.com

Diseño de cubierta: Michel Mallard

ISBN rústica: 978-84-9816-264-6.
ISBN ebook: 978-84-9897-860-5.

Sumario

Brevísima presentación

La vida

Fernández de Lizardi, José Joaquín (1776-1827). México. Hijo de Manuel Fernández de Lizardi y Bárbara Gutiérrez. Nació en la Ciudad de México.

En 1793 ingresó en el Colegio de San Ildefonso, fue bachiller y luego estudió teología, aunque interrumpió sus estudios tras la muerte de su padre.

Hacia 1805 escribió en el periódico el Diario de México. En 1812, tras las reformas promulgadas por la Constitución de Cádiz, Fernández de Lizardi fundó el periódico *El Pensador Mexicano*, nombre que usó como seudónimo.

Entre 1815 y 1816, publicó dos nuevos periódicos: *Alacena de frioleras* y el *Cajoncito de la alacena*.

En mayo de 1820, se restableció en México el gobierno constitucional y, con la libertad de imprenta, fueron abolidas la Inquisición y la Junta de Censura. Entonces Fernández de Lizardi fundó el periódico *El conductor eléctrico*, a favor de los ideales constitucionales; y apenas unos años después, en 1823, editó otro periódico, *El hermano del Perico*.

Su último proyecto periodístico fue el *Correo Semanario de México*.

Murió de tuberculosis en 1827 y fue enterrado en el cementerio de la iglesia de San Lázaro.

Unipersonal del arcabuceado

Endechas

¡Gran Dios!, ¿qué me sucede?,
¿qué es lo que por mí pasa?
¿Hoy tengo de morir?
¡Las seis toca el reloj de la mañana!

Pocas horas, ¡ay, triste!,   5
sonará esta campana
en mis débiles oídos.
Yo tengo de morir... ¡Qué dolor!, ¡qué ansia!
¿Posible es, Dios eterno,
que muera esta mañana?,   10
¿que muera en un suplicio
en una edad tan joven y temprana?
Sí: moriré... ¡ay de mí!,
moriré... ¡oh, idea ingrata!,
porque mis crueles padres   15
así en mi corta edad lo decretaran.
Ellos, ¡los infelices!,
son los que ahora me matan,
por no haber arreglado
mis pasiones allá desde la infancia.   20
Mas, ¡oh, dolor!, ¿qué culpa,
qué culpa se reclama
a unos hombres que acaso
le debieron su cuna a la ignorancia?
¡Ah, jueces!, ¡ah, pastores   25
a quienes se le encarga
la educación del joven,
que vosotros miráis cual cosa vaga!
Mi sangre ciertamente
correrá esta mañana;   30

pero, temblad, pues grita
ante el trono de Dios por la venganza.
Si otros curas y jueces
mis padres educaran
en religión y honor,   35
hoy en esta prisión yo no me hallara.
Pero los jueces sirven
por lo que da la vara,
y los curas (no todos)
por lo que da el curato de pitanzas.   40
Así nacen los padres
que los hijos procrearan,
ignorantes, gazmoños,
fanáticos, hipócritas, fantasmas.
El que creen sabe mucho,   45
el que mucho adelanta,
es el que como el loro
la doctrina refiere de Ripalda.
¿Y de moral qué cosa
se dice? Nada, nada.   50
¿De política? Menos.
¿Del natural derecho? Ni palabra.
¿Qué mucho es que los hombres
así como yo nazcan,
así brutos se críen   55
sin respetar su propia semejanza?
Yo hice dos homicidios.
Ahora veo mi desgracia
y el daño que a otros hice
por mi mal natural y mi venganza.   60
Pero no los hiciera
si bien se me enseñara
los estragos que la ira
atrae al que no sabe refrenarla...

Mas... ¡ay de mí!, ya tocan   65
en la calle las cajas.
La tropa viene. Vamos.
Hoy soy un espectáculo de farsa.
Con verme perecer,
una multitud de almas   70
hoy se va a divertir,
cual si fuera al circo o a una danza.
Todo me lo merezco...;
yo soy, yo soy la causa.
Valedme, Dios eterno.   75
Voy a pagar por muchos... Cuida mi alma.
Sí, Señor; si yo viera
pasarse por las armas
a cualquier homicida,
tal vez mis intenciones refrenara;   80
pero vide que muchos
indulgencia lograban
por iguales delitos,
y a dos hombres
maté con tal confianza.   85
Si los jueces, Señor,
como hoy, me castigaran
por la primera que hice,
la del sargento yo no ejecutara.
Voy a morir, Dios mío;   90
mi sangre se derrama;
mas de curas y jueces,
como lo has dicho, exige la venganza.
Yo cometí un delito,
y la justicia aguarda   95
en pública vindicta
que con mi muerte se le satisfaga.
Ya oigo bastante ruido;

ya redoblan las cajas;
y ya los capellanes   100
me sacan al suplicio... ¡Qué hora amarga!
Ya camino entre miles
de voces y algazara
con los ojos vendados
y lleno de exorcistas y plegarias.   105
Ya llegué al cruel lugar,
ya en el banquillo me atan,
y ya, según advierto,
las armas a mi muerte las preparan.
¡Ojalá que con ella   110
muchos escarmentaran
y en sus pechos no dieran
lugar a la ira, al odio, a la venganza.
Apunten, dicen... ¿Qué oigo?
Mi espíritu desmaya...   115
Dios piadoso, favor,
pues en tus manos encomiendo mi alma.

Nota: Si el infeliz Celestino Ramírez, soldado del regimiento de caballería número
9, hubiera tenido mejor educación, es probable que hoy no hubiera muerto fusila-
do en la temprana edad de veintiún años, por haber cometido un homicidio en la
provincia de Guanajuato y perpetrado otro alevosamente en Jalapa, en la persona
del sargento de su compañía, Guadalupe Mendoza; y si hubiese tenido un talento
más despejado, él lloraría la causa de su ruina con palabras más tiernas y enérgi-
cas que las que yo pongo en su boca.
   El Pensador

        Fin de la obra

El Unipersonal de don Agustín de Iturbide, emperador que fue de México

Vista de sala decente. Sobre un bufete estarán el manto, corona y cetro imperial. El actor, sentado en una silla en ademán de confuso. Después de una música triste, se para y dice:

> ¿Conque ya no soy rey? ¿Ya no soy nada?
> ¿En un momento se acabó mi imperio?
> ¿Ya desaparecieron mis amigos
> cual veletas que mueve el fácil viento?
> Sí, todo se acabó. ¡Qué cruel fortuna!   5
> Toda tu elevación ha sido un sueño.
> Ayer era un monarca respetable,
> a cuya faz humilde acatamiento
> me hacían los potentados y los sabios,
> los ignorantes, pobres y plebeyos,   10
> y hoy estos mismos, sin rubor ninguno,
> me llenan de baldones e improperios.
> ¡Oh, Agustín Iturbide! ¡Oh, alma débil!
> ¡Oh, corazón de joven inexperto!
> Tú te dejaste guiar de aduladores,   15
> sin oír de tus amigos los consejos.
> Tú que concluiste la obra majestuosa
> de los grandes Hidalgos y Morelos
> en siete meses, con fortuna rauda,
> y fuiste de tu patria el embeleso,   20
> hoy yaces abismado en el olvido,
> lleno de execración y hecho el objeto
> de la ira, la venganza y el encono
> de tu misma nación... Sí, de la misma
> que supe libertar del yugo férreo   25
> de la España opresora, con mi espada,
> con mi combinación y mi talento.

Entonces... ¡Ah! ¡Recuerdos infructuosos!
Entonces... ¡Qué dolor! ¿Y yo me atrevo
a traer a la memoria los aplausos,   30
las felicitaciones, los obsequios
que esta misma nación agradecida
me tributa con sincero pecho?
Sí, que es un lenitivo en la desgracia
de las pasadas glorias el recuerdo.   35
Yo liberté la amada patria mía
de la dominación del suelo ibero.
Me coroné de honor. Héroe me aclaman,
padre y libertador todos los pueblos.
Por doquiera que paso me celebran   40
con cánticos, con himnos en mil metros.
Las sencillas pastoras, las aldeanas
salen a los caminos al encuentro,
y arrebatadas de su patriotismo,
su genio tutelar reconociendo   45
en mi persona, con fragantes rosas
orlan mis sienes y valiente pecho,
cantándome la gala con ternura,
con entusiasmo tal, con tal requiebro,
que a la diosa de Chipre, si la viera,   50
en ese instante causarían mil celos.
En medio de estas glorias y alabanzas,
cercado de placeres lisonjeros
entré en la capital... ¡Oh, veinte y siete
de setiembre del año de ochocientos   55
veinte y uno!, tu memoria siempre grata
me será, aunque en momentos pasajeros.
¡Con qué magnificencia!, ¡con qué fausto
esta triunfante entrada previnieron
todos los mexicanos! A porfía   60
inundaba las calles todo el pueblo.

Yo vi, sí, no me engaño, los semblantes
llenos de gratitud y de respeto
al héroe del Anáhuac, que tal nombre
entre otros muy honrosos me dijeron.   65
Las calles adornadas de cortinas,
flámulas, gallardetes, dulces versos
que dictara el amor y el entusiasmo
a su libertador; del bello sexo
los homenajes recibí más dulces,   70
tan cariñosos como siempre honestos.
En los balcones todas colocadas,
realzando su hermosura trajes nuevos,
galanes y graciosos, derramaban
sobre el entonces tan feliz guerrero   75
flores diversas; tantas, que bastaron
a labrar una alfombra en todo el suelo
que mis tropas pisaron; los cañones
que fueran de la muerte el instrumento,
con salvas repetidas anunciaban   80
mi victoria, mi triunfo y vencimiento.
Las campanas alegres con repiques
llenaban de alegría los tibios pechos
de los capitulados o enemigos
de nuestra libertad aún encubiertos.   85
En fin, todo era gozo, todo aplauso,
todo vivas, elogios y contento
que no sabrá explicar sino el que entrara
triunfante en Roma, vencedor soberbio.
No al Capitolio fui, ni prosternado   90
a Júpiter quemé jalsos inciensos,
sino al sagrado templo, donde gracias
rendí al Dios de Sabahot. Vivas sin cuento
no interrumpidos recibí de noche
en el iluminado coliseo.   95

Pasados los momentos de alegría,
calmando un poco el entusiasta fuego,
traté de organizar con una junta
el necesario y auxiliar gobierno.
Ella se dirigió por mis impulsos,   100
y como era mi hechura, obedeciendo
hasta mis intenciones, me engrandece
al par de mis designios. Luego luego
me da el mando absoluto de las armas,
con nombre de almirante... ¡Qué inexpertos!   105
Sin contar con un buque, jefe me hacen
de mar y tierra del soñado imperio,
haciéndome ridículo a los ojos
de cuantos tal absurdo conocieron.
Los escritores, sin prudencia alguna,   110
guiados de gratitud, y uno previendo
que si nos dominaban los Borbones,
a los que el plan de Iguala pasó a viento,
dejaba de volver a esclavizarnos,
me invitaron por dos y más impresos.   115
Con la corona, sí, con la corona
del opulento Mexicano Imperio.
Las monjas, que apreciaban mi visita,
fiestas me prevenían en sus conventos;
llenas de adulación o de simpleza   120
me hicieron mil regalos, mil obsequios
demasiado costosos. ¡Cosa extraña
en las santas que habitan monasterios!
Y todas de consuno proclamaban,
no con palabras solas, sí con hechos,   125
a su Iturbide el Agustín Primero,
poniéndome doseles y cojines,
coronas ofreciéndome con cetros.
En este tiempo, la interina junta,

junta de personajes lisonjeros,   130
levantaba mi nombre a las estrellas
y muy más mi amor propio envaneciendo,
con título de Alteza me prepara
para subir al trono del Imperio.
Llegó, por fin, el caso prometido   135
de convocar a Cortes, y el Congreso
se reunió constituido, las mismas bases
jurando sostener. Con tanto empeño
algunos procuraban que viniese
un príncipe Borbón, que tuve celos   140
de que llegase a dominar la patria,
mi gloria obscureciendo, un extranjero.
Consulto a mis amigos: me aconsejan
no según la virtud ni el juicio recto
de toda la nación, sino adulando   145
mi gusto, mi opinión y mis deseos.
¡Oh, ministros perversos! ¡Oh, malvados
amigos intrigantes, lisonjeros,
que me ocultabais la verdad! Yo, beodo
con vuestra sumisión y acatamiento,   150
engañado pensé que me estimabais
por mi persona, no por el bien vuestro.
Con este error, por enemiga tuve
toda la parte sana del Congreso;
choqué con el Poder Legislativo,   155
procuré malquistarlo, inspiré celos,
dando lugar a malas providencias,
asegurado bien de que en su seno
borbonistas había e iturbidistas,
ricos y pobres, necios, de talento,   160
con opinión, sin ella, que ayudaban
mis intenciones sobre mis deseos.
Con el mayor ardor, del Plan de Iguala

quisieran sostener el llamamiento
de los Borbones, unos, y anularlos   165
otros que liberales se dijeron.
La división entonces se declara
en el salón de Cortes, en el pueblo.
Todo era confusión y desconfianza;
todo temores, sustos y recelos.   170
Eran estos instantes muy preciosos
para que se lograran mis intentos;
confianza me inspiraba la fortuna,
con semblante mirándome risueño;
y en una feliz noche..., ¡ah, buen Pío Marcha!,   175
de mi desgracia triste compañero,
tú sabes que esa noche, convocando
con tu sagacidad y tu talento
unos cuantos soldados y unos barrios,
me proclamasteis Agustín Primero.   180
La sorpresa, el terror, el sobresalto
se apoderó del mexicano pueblo,
viéndose amenazado con la grita
y el trueno del cañón, quizá creyendo
que tal alarma, a una hora intempestiva,   185
del partido borbón era el efecto.
Los repiques y salvas le anunciaron
lo extraño que ignoraba del suceso.
Sorprendiose la tropa y adunose,
no se puede negar, al bajo pueblo.   190
Con esta fuerza, en el siguiente día
emperador me proclamó el Congreso.
De mi coronación se trata al punto,
y cuando todo estaba bien dispuesto,
cercado de lucida comitiva   195
y numerosa tropa, voy al templo,
en donde me esperaban los obispos

y los capitulares placenteros
para hacerme ridículo a los ojos
del hombre pensador, y a los de necios   200
punto menos que santo... ¡Qué ignorancia
y qué ridiculez en este tiempo!
Yo mismo me engañaba. Sí, yo mismo.
Desde que mi brazo con el óleo ungieron,
creí que mi inmunidad era segura   205
y Dios juraba eternizar mi imperio.
¡Qué insensatez! ¡Qué error! Yo me sonrojo.
Si tal pude abrigar un día en mi pecho,
me debiera acordar de Bonaparte,
que desfanatizado hizo lo mesmo   210
por la cabeza de Iglesia Santa
y para alucinar al bajo pueblo;
aunque no le valió, ni a mí tampoco,
pues las ritualidades de los templos
muy inútiles son en estos casos,   215
si una nación conoce sus derechos
y quiere reclamarlos. De este día
interrupción no hubieron los obsequios,
las felicitaciones, los aplausos
y las adoraciones que los necios   220
me tributaban. Todos, mi apoteosis
me hicieron sin cesar: ruines inciensos
quemaron a mi vista y de rodillas
me hablaban estos viles embusteros.
Tan repetidas fueron sus lisonjas   225
que no oí de la Verdad los dulces ecos
con que me aconsejaba cariñosa,
y aún me parece que la vide en sueños;
al poder absoluto aspirar quise,
creyéndome inviolable. Lo pretendo;   230
se me oponen algunos de las Cortes;

los hago reclusar en los conventos.
Aún quedan otros firmes que contrastan
con valor indecible mis proyectos.
Entonces, poderoso y vengativo   235
destruyo de una vez todo el Congreso,
dejando de aparato un juntilla
de la mi devoción, que obedeciendo
humilde mis preceptos decretara
lo que había sancionado yo primero.   240
Todo se trastornaba cada día,
porque todo lo guiaba el desacierto.
Yo me hice aborrecible y lo ignoraba.
¡De mis amigos tal era el empeño
que tenían en perderme!... ¿Mis amigos   245
yo he podido decir? ¿Estoy despierto?
¿Qué amigos han de ser los egoístas
sin valor, sin talento, lisonjeros,
que por no disgustarme me engañaban
por conservar sus sueldos y sus puestos?   250
¿Qué amigos han de ser esos traidores
a mi persona y a su patrio suelo,
cuando procaces, imprudentes, ruines,
virtudes le llamaban a mis yerros;
y cuando me amagaba la cuchilla   255
del odio general, en el momento
que libertad Santana proclamaba
en Veracruz y era mayor mi riesgo,
vosotros me cantabais dulcemente
porque no despertara yo del sueño?   260
Viles: ¿os acordáis de vuestros carros,
vuestros arcos triunfales y embelecos
que ridiculizaran mi persona
a los ojos del sabio y los del necio?
Ya desde aquí mi ruina es decretada.   265

La opinión crece; fáltanme al respeto
en Veracruz las prensas; luego todas
a la nación descubren sus derechos
tantas veces violados; se entusiasma;
sacude de mi yugo el fuerte cuello;   270
quiérola reducir; las bayonetas
con tal designio en un instante muevo;
pero los jefes y oficiales todos
advierten a la tropa; no hay remedio.
El azar está echado; las provincias   275
la acta de Casa Mata recibieron
como un don celestial, y en cuatro meses
se evaporó mi trono como el viento.

(Música triste, y mientras suena, el actor se sienta junto el bufete en actitud de confusión. Después de un rato, levanta la cabeza con languidez, ve
la corona y dice en pie:)

¿Conque ayer era rey? ¿Esta diadema
ceñía mis sienes, y el brillante cetro   280
empuñaba mi diestra poderosa
en el augusto trono del imperio?
¿Posible es, Agustín? No, yo me engaño.
Me ocupa un frenesí. Todo fue sueño.
Sí, no hay duda. Soñé, ya he despertado   285
y en mí no miro más que un prisionero
triste, solo, abatido, sin amigos,
de todos infamado, hecho objeto
del odio y la venganza, sin asilo,
sin recurso ninguno y a un destierro   290
por favor de la patria confinado
y escoltado de tropa... ¡Santo cielo!,
¿y aún puedo yo vivir? ¿Aún el ambiente
alcanzo a respirar? O estoy durmiendo

o debo ser de mármol insensible,   295
pues con tanto dolor morir no puedo.

(Música; queda un rato en una actitud muy triste, de la que vuelve en sí
y dice:)

Si tales son las glorias de este mundo,
¿cómo hay quien las envidie?, ¿cómo necio
tras ellas corre el hombre temerario,
sin prever los peligros y los riesgos   300
a que va a exponer? ¿Cómo yo
sin precaución, sin juicio, sin talento
pude aspirar a un trono que no supe
adquirir con razón ni sostenerlo
con prudencia y valor?... ¡Terrible pena!   305
¡Reflexiones ociosas! Ya no es tiempo,
no es tiempo, a la verdad, de aprovecharlas.
Ya todo se ha perdido sin remedio.
El imperio, la patria, mis amigos,
aun los que yo tenía por verdaderos,   310
mi anciano padre, mi querida esposa,
y..., ¡qué pesar!, hasta mis hijos tiernos
me verán con horror. Ya no me queda
el más mínimo apoyo; ya no encuentro
ni en mi propia familia quien me aprecie   315
y quiera interesarse en mi tormento.
¡Oh, joven insensato!, te perdiste
por un loco capricho, por un ciego
prurito de reinar, como si fuera
tan fácil cosa gobernar un reino   320
ni abusar del poder, a lo que incita
la vil adulación contra el derecho.
¡Cuánto mejor estuve y más tranquilo
cuando me titulé jefe primero

de las bravas legiones trigarantes!   325
Entonces recibí los más sinceros
y gratos homenajes; la lisonja
aún no profundizaba los cimientos
de mi loca ambición; aún no pensaba
en hacerme monarca. Satisfecho   330
con la gloria interior de haber servido
a mi patria de apoyo e instrumento
para su libertad, viví seguro
de émulos y enemigos. Si el ejemplo
de San Martín, Bolívar y Washington   335
yo supiera seguir, ioh, qué diverso
hoy fuera mi destino! Yo viviera
de mi familia en el amable seno,
amado de los hombres y tranquilo,
sin padecer el cruel remordimiento;   340
mis días pasara en paz, y lleno de honra
al sepulcro bajara después de ellos.
Pero yo me olvidé que la fortuna
nunca hace sus favores duraderos.
Pensé, iqué mal pensado!, que los reyes   345
afianzaban su trono con el cetro.
Después del grito aciago de Santana,
aún no supe temer el fin funesto
que se me preparaba, y por lo mismo
el modo no advertí de precaverlo.   350
Me fie de los amigos..., iqué insensato!
Sí, me arrojé en los brazos de los necios
que, al tiempo de adularme, al precipicio
me acercaron con bárbaros consejos.
Contribución directa e indirecta,   355
papel moneda y auxiliar derecho,
con otras violaciones criminales
de mi pacto social, odioso hicieron

mi trono, mi poder y mi persona,
y en un instante, sí, en un momento   360
todo despareció; ya no soy nada;
soy un humilde y triste prisionero
de mi feliz nación. Aprended, reyes,
los que tiranos domináis los pueblos;
los que soberbios, vanos y arrogantes,   365
llenos de orgullo y de confianza llenos,
abatís y ultrajáis vuestros vasallos,
apurando su humilde sufrimiento;
aprended hoy en mí: ved un monarca,
que si bien no lo fue, mereció serlo,   370
pues nadie, nadie negará que libre
hice a mi patria del dominio ibero.
Ved a un emperador que, circundado
de aplausos, homenajes y respetos,
creyó cual realidad lo que soñaba,   375
pues creyó que su Imperio fuese eterno.
Pero ved a este rey, a este monarca,
a quien áulicos viles sedujeron,
sin opinión, sin trono, sin asilo,
sin patria..., ¡qué dolor!; sin patrio suelo,   380
porque toda la patria me abomina
y a la Italia me envía... Yo desfallezco.

(Se suspende confundido un rato, y en él, música triste.)

                     Esta corona, sí, esta corona,
(Mirándola.)   esta púrpura infame y este cetro
                     comunes al tirano y al piadoso,   385
                     al hipócrita rey, al cesar bueno,
                     lisonjearon mi orgullo, me encantaron,
                     mis sanas intenciones corrompieron;
                     por éstos delinquí, por estos dijes

que no son, bien miradlos, sino viento.   390
(Tomando todo en sus manos.)
Sí, oro maldito, sí, tu falso brillo
hizo toda mi ruina...; duro cetro...,
púrpura criminal, adornos viles,
de los tiranos fútiles inventos,
bajo cuya apariencia dominante   395
esclavizaron los humildes pueblos.
¿De qué me habéis servido..., ¡oh, desgraciado!,
sino de envanecerme lisonjeros,
de borrar mi virtud, de prostituirme
y de encumbrarme al solio, para luego   400
hacerme odioso y desde la alta cumbre
precipitarme al tenebroso averno?
¿Y yo os tengo en mis manos? No, os arrojo,
(Arrójalos al suelo y los pisa.)
os odio, os abomino y os detesto;
os desprecio y mis plantas en vosotros   405
ultrajen ya las sombras de los necios
que de vosotros fiaron... ¿Mas, qué digo?
¿Qué es lo que yo hago?
¿Qué discurro o pienso?
Estos muebles son nada, yo soy mucho.
Seres son insensibles, sin talento,   410
sin alma ni razón... Yo..., ¡miserable!,
no soy oro ni trapo; lo confieso.
Yo, solamente yo soy el culpado.
En esta cruel escena soy el reo.
Ultrajé una nación; fuerza es que sufra   415
la pena consiguiente al desacierto...

(Tocan las cajas.)   Mas ya suenan las cajas. Sí, las dianas
avisan que del Sol los rayos tersos
señalan nuevo día a mi desgracia.
Pero este día fatal..., ¡qué pesar fiero!,   420

25

es el de mi partida: hoy mismo salgo
para no volver más; ¡oh, Dios eterno!,
para no volver más a ver a mi patria,
do feliz respiré primer aliento.
Mas ya es en vano, sí, ya es infructuosa   425
toda consternación, ya del Congreso
se ha dado la sentencia irrevocable
y sin apelación. Aquesto es hecho.
A Dios, México, a Dios; ya de tu vista
se retira Agustín de oprobio lleno.   430
A Dios, Valladolid, mi patrio nido,
do vi la primer luz y el Sol primero.
Ya Iturbide te deja; ya se ausenta,
en su pecho llevando el desconsuelo
de no volverte a ver. A Dios, mi patria;   435
a Dios, deudos, amigos, compañeros;
sí, para siempre a Dios: mi cruel destino
me aparta de vosotros; solo os ruego
humilde, sin poder y consternado,
que perdonéis mis ya pasados yerros.   440
Mortal como vosotros he nacido;
al engaño y pasión estoy sujeto
como lo estáis vosotros; mis errores,
lejos de subsanarlos, los confieso,
y quisiera poder daros las pruebas   445
de que es sincero mi arrepentimiento.
No siento la corona que he perdido;
no, mexicanos, no: yo lo que siento
es perder vuestra gracia, vuestro amparo,
vuestra grata amistad y vuestro afecto.   450
Por eso contristado y ruboroso
perdón os pido de pasados yerros.
Sí, perdonadme, amigos, os lo suplico.
Sois generosos, nobles y discretos.

Habéis sabido perdonar benignos   455
y aun abrigar en vuestro mismo seno
a vuestros enemigos declarados,
asesinos de Hidalgo, de Morelos,
de Bravo, Matamoros y Galeana,
de vuestros padres, vuestros hijos mesmos   460
y de vuestra nación... Solo Iturbide,
solo yo, fascinado, beodo y lerdo
con tanta adulación, ¿será posible
que no alcance piedad en vuestros pechos?
Eso no puede ser; sería agraviaros   465
formarme de vosotros tal concepto.
Una indulgencia, un disimulo os pido,
un perdón generoso a mis defectos.
Compatriotas, amigos generosos:
en esta vez de mí compadeceos;   470
perdonadme, os suplico, y restituidme
a vuestro dulce amor... ¡Oh, santo cielo!,
si vuestra nueva alianza me constara,
alianza de amistad, que más no quiero;
si que me amabais algo yo supiera,   475
me sería suave y dulce mi destierro
no ya a la Italia, no, sino a la Libia,
y entre las fieras viviría contento,
con saber que vosotros, compasivos,
hacíais de cuando en cuando algún recuerdo   480
de Agustín desgraciado... Mas, ¿qué digo?
¿Y yo puedo dudarlo? Sois muy nobles;
vuestro carácter es piadoso y tierno;
no se sabe vengar en el rendido,
está hecho a perdonar. Yo me prometo   485
vuestra gracia alcanzar, así el Dios justo
os mire compasivo desde el cielo,
os libre de tíranos y os afirme

en un feliz gobierno duradero,
que las venturas haga de la patria   490
vuestras, de vuestros hijos, vuestros nietos
y las generaciones más remotas
que mueran con el Sol...

(Generala.)

Mas ya el momento
llega de mi partida, ya las cajas
tocan la Generala. A Dios, mi patria,   495
a Dios; y si supiste tus derechos
de Agustín reclamar, no se te olvide
este heroico valor, este denuedo,
y a costa de tu sangre conservarlos
jura ante Dios, que yo diré a la Europa   500
con la sacra elocuencia del silencio:
—Temblad, reyes tiranos, que ya el hombre
dijo: «Quiero ser libre», y ha de serlo.

(Éntrase con precipitación.)

Fin de la obra

Libros a la carta

A la carta es un servicio especializado para
empresas,
librerías,
bibliotecas,
editoriales
y centros de enseñanza;
y permite confeccionar libros que, por su formato y concepción, sirven
a los propósitos más específicos de estas instituciones.

Las empresas nos encargan ediciones personalizadas para marketing
editorial o para regalos institucionales. Y los interesados solicitan, a título
personal, ediciones antiguas, o no disponibles en el mercado; y las acom-
pañan con notas y comentarios críticos.

Las ediciones tienen como apoyo un libro de estilo con todo tipo de
referencias sobre los criterios de tratamiento tipográfico aplicados a nues-
tros libros que puede ser consultado en Linkgua-ediciones.com.

Linkgua edita por encargo diferentes versiones de una misma obra con
distintos tratamientos ortotipográficos (actualizaciones de carácter divul-
gativo de un clásico, o versiones estrictamente fieles a la edición original
de referencia).

Este servicio de ediciones a la carta le permitirá, si usted se dedica a
la enseñanza, tener una forma de hacer pública su interpretación de un
texto y, sobre una versión digitalizada «base», usted podrá introducir inter-
pretaciones del texto fuente. Es un tópico que los profesores denuncien
en clase los desmanes de una edición, o vayan comentando errores de
interpretación de un texto y esta es una solución útil a esa necesidad del
mundo académico.

Asimismo publicamos de manera sistemática, en un mismo catálogo,
tesis doctorales y actas de congresos académicos, que son distribuidas a
través de nuestra Web.

El servicio de «libros a la carta» funciona de dos formas.

1. Tenemos un fondo de libros digitalizados que usted puede perso-
nalizar en tiradas de al menos cinco ejemplares. Estas personalizaciones
pueden ser de todo tipo: añadir notas de clase para uso de un grupo de

estudiantes, introducir logos corporativos para uso con fines de marketing empresarial, etc. etc.

2. Buscamos libros descatalogados de otras editoriales y los reeditamos en tiradas cortas a petición de un cliente.